青少年人工智能创新启蒙工程

算法小达人
启蒙初探 第7册

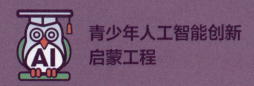

方海光 郑志宏 | 总主编
张智雄 杜斌 周建强 | 主编

人民邮电出版社
北京

图书在版编目（CIP）数据

算法小达人：启蒙初探 / 方海光，郑志宏总主编；张智雄，杜斌，周建强主编. -- 北京：人民邮电出版社，2024. -- （青少年人工智能创新启蒙工程）. -- ISBN 978-7-115-65023-8

Ⅰ. G624.583

中国国家版本馆CIP数据核字第2024C2H187号

内 容 提 要

本书是专为小学高年级的学生设计的人工智能科普图书，旨在通过图形化的方式帮助学生建立起对算法基础知识的初步认识，培养算法思维和实践能力。全书共分为4个单元，每个单元都结合生动有趣的实践活动和跨学科主题，帮助学生在解决问题的过程中逐渐理解并掌握算法的基础知识、基本结构和设计思路，提升他们的信息素养和解决问题的能力，为他们在人工智能领域的深入学习和应用奠定坚实的基础。本书适合小学高年级的学生阅读。

- ◆ 总 主 编 方海光 郑志宏
  主 编 张智雄 杜 斌 周建强
  责任编辑 王 芳
  责任印制 马振武
- ◆ 人民邮电出版社出版发行 北京市丰台区成寿寺路11号
  邮编 100164 电子邮件 315@ptpress.com.cn
  网址 https://www.ptpress.com.cn
  北京捷迅佳彩印刷有限公司印刷
- ◆ 开本：787×1092 1/16
  印张：6.5 2024年9月第1版
  字数：70千字 2025年1月北京第3次印刷

定价：30.00元

读者服务热线：(010)53913866 印装质量热线：(010)81055316
反盗版热线：(010)81055315
广告经营许可证：京东市监广登字20170147号

专家委员会

安晓红	边 琦	蔡 春	蔡 可	柴明一	陈 梅	陈 鹏	
杜 斌	傅树京	郭君红	郝智新	黄荣怀	金 文	康 铭	
李 锋	李怀忠	李会然	李 磊	李 猛	刘建琦	马 涛	
陕昌群	石群雄	苏 宁	田 露	万海鹏	王海燕	武佩峰	
武瑞军	武 装	薛海平	薛瑞玲	张 蓓	张 鸽	张景中	
张 莉	张 爽	张 硕	周利江	朱永海			

编委会

白博林	鲍 彬	边秋文	卞 丽	曹福来	曹 宇	崔子千
戴金芮	邓 洋	董传新	杜 斌	方海光	高桂林	高嘉轩
高 洁	郭皓迪	郝佳欣	郝 君	洪 心	侯晓燕	胡 泓
黄颖文惠	季茂生	姜 麟	姜志恒	焦玉明	金慧莉	康亚男
孔新梅	李福祥	李 刚	李海东	李会然	李 炯	李 萌
李 婷	李 伟	李泽宇	栗 秀	梁栋英	刘慧薇	刘 娜
刘晓烨	刘学刚	刘振翠	卢康涵	吕均瑶	马 飞	马小勇
满文琪	苗兰涛	聂星雪	裴少霞	彭绍航	彭玉兵	任 琳
陕昌群	单楷罡	尚积平	师 科	石 磊	石群雄	舒丽丽
唐 淼	陶 静	田 露	田迎春	涂海洋	万 晶	汪乐乐
王彩琴	王丹丹	王 健	王 青	王秋晨	王显闯	王晓雷
王馨笛	王雁雯	王 雨	魏嘉晖	魏鑫格	瓮子江	吴 昊
吴 丽	吴 俣	武佩峰	武 欣	武 艺	相 卓	肖 明
燕 梅	杨琳玲	杨青泉	杨玉婷	姚凯珩	叶宇翔	殷 玥
于丽楠	袁加欣	曾月莹	张 东	张国立	张海涛	张 慧
张京善	张 柯	张 莉	张明飞	张晓敏	张 旭	张 禹
张智雄	张子红	赵 芳	赵 森	赵 山	赵 昕	赵 悦
郑长宏	郑志宏	周建强	周金环	周 敏	周 颖	朱庆煊
朱婷婷						

总 序

在当今信息技术迅猛发展的背景下，人工智能（AI）已成为推动社会进步的关键力量。向小学生普及人工智能相关知识，培养适应未来社会的创新人才，是新时代人工智能发展的必然要求。

本套书致力于开展人工智能普及教育，重点培养小学生的逻辑思维、批判精神和问题解决能力，引导小学生掌握人工智能基本知识、认识人工智能在信息社会中愈发重要的作用、运用人工智能技术解决生活与学习中的问题。通过本套书的学习，学生能够获得人工智能的基本知识、技能、应用能力，在运用人工智能技术解决实际问题的过程中，成长为具有良好的信息意识、计算思维、创新能力以及社会责任感的公民。

本套书的学习内容均来自真实的生活场景，以问题引入，以活动贯穿，运用生动活泼、贴近生活的案例进行概念阐述。其中，每单元的开篇设置生动的单元情景、明确的单元主题、递进的学习目标、可供参考的学习工具，学生可以根据单元主题和学习目标合理安排学习进度，设定预期的学习效果。

同时，本套书还注重结合小学生的学习特点，避免了单纯的知识传授与理论灌输。本套书在编写过程中围绕学生在学校、家庭、社会中的所见所闻展开学习活动，采用体验式学习、项目式学习与探究性学习的形式，在阐述概念和理论的基础上，提升学生的学习兴趣，加强学生对人工智能的理解。

本套书共十二册，内容由浅入深，从基础逻辑知识，到数据和算法，最后到物联网和开源鸿蒙，每册都有不同的主题。本套书要求学生亲自动手完成书中的活动，让学生感受人工智能技术给人们生活带来的美好。

　　本套书得以完成，十分感谢来自北京、沈阳、成都等不同地区的学科专家和一线教师，他们具有丰富的教育教学经验，部分内容经过了多轮教学实践，从而保证了内容的实用性和科学性。特别感谢专家委员会的倾力指导，专家们对本套书的内容选择、展现形式、学习方式等都提出了很多宝贵的建议，极大提高了本套书的内容质量。

　　囿于作者能力，本套书难免存在不完善之处，敬请广大读者批评指正。

总主编 方海光

前　言

　　在当今科技浪潮汹涌的时代，人工智能已成为引领变革的强大力量。对于孩子们而言，了解并精通人工智能的基础知识，尤其是算法，已成为适应未来社会的核心素养。在这样的时代背景下，《算法小达人：启蒙初探》应运而生，它就像一座为小学中高年级孩子们精心构筑的知识桥梁，又宛如一扇引领孩子们通向人工智能奇妙天地的智慧之窗，以妙趣横生的方式，引领孩子们踏上算法学习的探索征程。

　　启蒙之光，照亮未来之路。本书采用趣味十足的图形化教学方法，将抽象的算法概念转化为生动直观的流程图，使复杂的编程变得简单易懂。这种寓教于乐的方式，仿佛为孩子们点亮启蒙的明灯，照亮他们探索未来的道路。

　　寓教于乐，激发无限潜能。本书精心策划的4个单元，紧密围绕贴近生活的主题展开：从问题求解流程，引领孩子们理解算法本质；到操控巡线小车，感受算法控制结构的奇妙；再到阶梯水电费的算法设计，将知识融入实际应用；最后在"石头、剪刀、布"游戏中形成算法策略，提升综合思维。这一系列的单元设置，不仅能让孩子们掌握算法知识，还能激发他们内心的学习兴趣和探索精神。

　　跨学科融合，拓宽知识视野。在编写过程中，我们格外注重跨学科知识的融合，语文的阅读理解、数学的逻辑推理、物理的机械原理等，都被巧妙融入算法教学之中。这种跨学科模式，为孩子们敞开知识的新大门，让他们在潜移默化中拓宽视野，促进综合素质全面发展，为孩子们的学习增添丰富色彩。

实践出真知，培养问题解决能力。我们积极倡导孩子们通过实践来探寻算法的奥秘。每一次编程实践，都是对解决问题能力的锻炼与考验。持续不断的实践，能让孩子们逐步成长为独立思考、勇于创新的算法小达人。除此之外，算法学习还能培养孩子们的耐心与毅力，面对复杂难题时的不断尝试和改进，让他们学会坚持不懈，这种品质将成为未来发展的坚实支撑。

《算法小达人：启蒙初探》是孩子们通向人工智能世界的坚固桥梁，也是成长道路上的璀璨明灯。希望孩子们通过学习这本书，能在算法世界里纵情驰骋，开启智慧大门。愿本书的每位小读者都能收获知识、欢乐与成长，成为未来的算法小行家，以创新思维和勇气迎接挑战！期待这本书陪伴更多孩子，愿孩子们成为未来科技时代的领军人物。让我们携手，为孩子们的梦想添翼，见证他们的成长！

主编 张智雄

目 录

第一单元
问题求解流程——算法的初步认识 10

第1课 算法——问题求解的流程 12

第2课 算法的描述方式——流程图 16

第3课 算法的3种基本结构——顺序结构、循环结构、
选择结构 21

第4课 算法的验证方式——编写并执行程序 26

单元总结 30

第二单元
巡线小车——理解算法控制结构 32

第1课 动起来——用顺序结构、循环结构完成按规定路线
行驶任务 34

第2课 会辨色——用选择结构做好颜色识别 40

第3课 巡线任务——算法的3种基本结构综合运用1 45

第4课 复杂场景——算法的3种基本结构综合运用2 51

单元总结 56

第三单元

水电费阶梯计费——设计问题求解算法.................57

第1课 水电费阶梯计费知多少——分析问题、用结构化流程图描述算法 59

第2课 水电费阶梯计费程序初步实现——构造判定条件 63

第3课 水电费阶梯计费程序完整实现——选择结构综合应用 68

第4课 出租车计费程序——生活中阶梯计费算法的应用 72

单元总结 75

第四单元

石头、剪刀、布——形成游戏算法策略...................76

第1课 "石头、剪刀、布"游戏规则——分析问题 79

第2课 "石头、剪刀、布"初步实现——变量和标志变量 84

第3课 "石头、剪刀、布"进一步实现——列表和广播 89

第4课 "石头、剪刀、布"完整实现——综合应用循环结构、变量和列表完成程序编写 95

单元总结 101

第一单元
问题求解流程——算法的初步认识

单元情景

在学习和生活中，人们会遇到各种各样的问题，解决问题时人们所采用的特定方法、步骤就是算法。本单元将带领我们了解问题求解有哪些具体的流程，并初步认识算法。

单元主题

随着人工智能的发展，算法成为推动科技进步与创新的重要力量。请你和同学们一起探讨并思考以下问题。

1. 人们是通过什么方法将不同的任务分解并解决的？
2. 什么是算法？
3. 算法有多重要？
4. 如何描述算法？
5. 怎么验证算法是否正确？

要研究上述这些问题，可以参考下面的流程来开展本单元的学习活动，如图1.1所示。

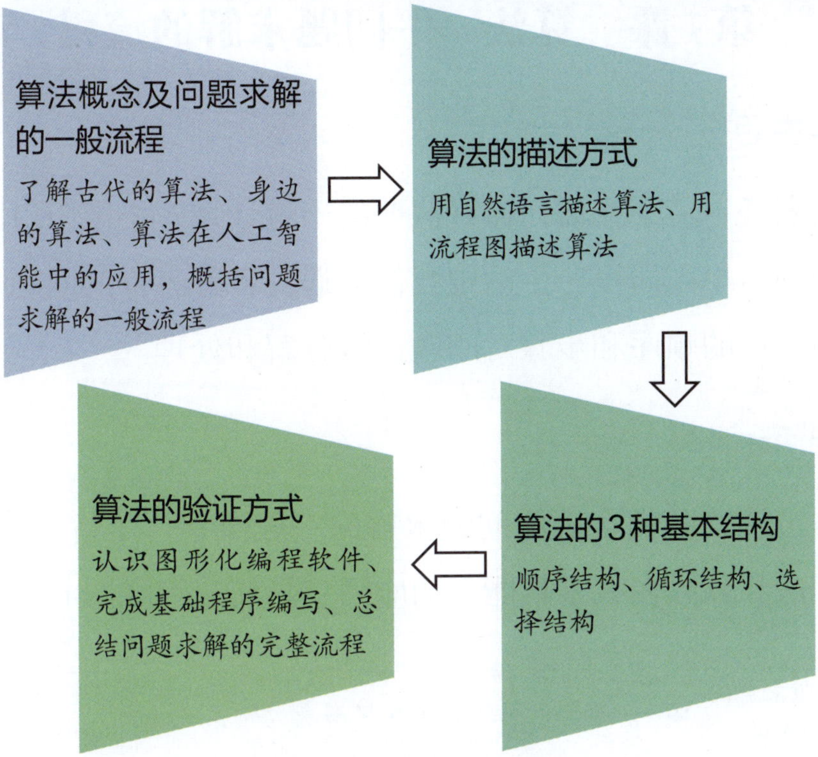

第一单元　问题求解流程——算法的初步认识

算法概念及问题求解的一般流程
了解古代的算法、身边的算法、算法在人工智能中的应用，概括问题求解的一般流程

算法的描述方式
用自然语言描述算法、用流程图描述算法

算法的验证方式
认识图形化编程软件、完成基础程序编写、总结问题求解的完整流程

算法的3种基本结构
顺序结构、循环结构、选择结构

图1.1　单元学习流程

我的智能学习目标

1. 借助生活实例了解身边的算法，知道问题求解的一般流程。

2. 了解算法描述的多种方式及用流程图描述算法的优势，在此基础上掌握流程图的常用符号和基本绘制规则。

3. 初步认识算法的3种基本结构并绘制这3种基本结构的流程图。

4. 认识图形化编程软件，完成基础程序编写，了解编写并执行程序是算法的验证方式之一，总结问题求解的完整流程。

我的智能学习工具

硬件准备：可以连接互联网的计算机。

软件准备：图形化编程软件。

算法小达人：启蒙初探

第1课　算法——问题求解的流程

我的智能生活

如何烹饪一道菜？如何做好假期的出游计划？小区门口的智能门禁如何识别出小区居民？生活中我们会遇到各种各样的问题，我们往往会按照一定的顺序和步骤对问题进行分解和处理。

我的智能活动计划

在本节课，我们会了解问题求解的一般流程，了解古代的算法、身边的算法和算法在人工智能中的应用。具体流程如图1.2所示。

图1.2　智能活动计划

我的智能学习

问题求解的一般流程

从广义上讲，解决问题时人们所采用的特定方法、步骤都可以称为"算法"。在信息科技领域，算法也经常特指用计算机解决问题的方法、步骤。

在解决问题时，我们可以采用"分析研究问题→了解求解算法→确定求解算法→描述求解算法"流程。

我的智能探索

一、了解古代的算法

算法自古有之，在古代文献中一般被称为"术"。"算法"一词最早出现在约公元前1世纪创作的《周髀算经》中。勾股定理和圆周率的估算方法就是著名的算法。你们知道什么是勾股定理和圆周率吗？查一查资料，和同学们交流一下，并将其写在表1.1和表1.2中。

表1.1　认识勾股定理

我的阶段性成果	什么是勾股定理：_____ _____ _____ 怎么在生活中证明勾股定理的正确性：_____ _____ _____ 勾股定理的用处：_____ _____ _____

表1.2　认识圆周率

我的阶段性成果	圆周率大约是多少，精确到小数点后7位：_____ _____ 圆周率对现代科技来说有什么用：_____ _____ _____ _____ _____

二、了解身边的算法

如果我们想烹饪一道菜，需要买菜、择菜、洗菜、炒菜……小区门口的智能门禁要为小区居民放行，需要采集居民的图像并与之前录入图像库的居民图像进行对比，对比成功才能放行。请你观察生活，想想身边还有哪些算法，把它们写在表1.3中。

表1.3 我身边的算法

算法1	
算法2	
算法3	

三、了解算法在人工智能中的应用

随着现代科技的逐步发展，越来越多的人工智能设备出现在我们的生活中。智能家居、智能交通、智能医疗、智能物流……随处可见，你能说说你见到的人工智能吗？

算法、算力和数据是人工智能实现"能思考、会学习"的三大基石。那么什么是算法、算力和数据呢？你能给大家讲讲吗？并将其写在表1.4中。

表1.4 人工智能的三大基石

算法	
算力	
数据	

我的智能成果

了解了算法后，请将自己的收获以文字或图片的形式记录在表1.5中。

表1.5　我的收获

研究问题	我的收获
对算法的初步认识	

请将本节课的学习活动表现记录在表1.6中。

表1.6　我的学习活动表现

评价内容	自我评价	组长评价
了解什么是算法	☆☆☆☆☆	☆☆☆☆☆
知道问题求解的一般流程	☆☆☆☆☆	☆☆☆☆☆

我的智能视野

回顾本节课的学习内容，利用掌握的知识和方法，我们还可以继续研究如何用算法描述做西红柿炒鸡蛋的过程，请填写表1.7，记录自己的研究过程和研究收获。

表1.7　我的研究记录

研究问题	研究过程	研究收获
如何用算法描述做西红柿炒鸡蛋的过程		

算法小达人：启蒙初探

第2课　算法的描述方式——流程图

我的智能生活

算法有多种描述方式。自然语言、流程图、程序等都可以用来描述算法。在涉及复杂流程或需要清晰指导的任务时，使用流程图可以让算法的各个步骤更明确，执行起来更顺利。

我的智能活动计划

本节课，我们会认识流程图中不同的符号，了解流程图的基本绘制规则，使用算法解决问题，接着分别使用自然语言和流程图来描述算法，了解用流程图描述算法的优势，最后完成流程图的绘制。具体流程如图1.3所示。

图1.3　智能活动计划

我的智能学习

一、流程图的常用符号

为了更明确清晰地描述算法，在流程图中，每个符号都有特定的意义。流程图中常用的符号如表1.8所示。

表1.8　流程图中常用的符号

名称	符号	意义	范例
开始框、结束框	⬭	表示流程的开始与结束	开始

续表

名称	符号	意义	范例
流程线	↓	表示执行的方向与顺序	↓
输入框、输出框	▱	表示数据的输入与输出	输入一个数字
处理框	▭	表示要执行的处理	检查作业
判断框	◇	表示决策或判断	今天下雨 是→ 否↓

二、流程图的基本绘制规则

在绘制流程图描述算法时，为了让别人更准确地理解其要表达的含义，应该遵循以下规则。

1. 文字应尽可能简单明了。
2. 符号应符合使用规范。
3. 绘制顺序应从上到下，从左到右。
4. 避免产生交叉线。

我的智能探索

一、使用算法解决问题

以小组为单位模拟在小卖部（如图1.4所示）的买水、卖水过程。组长扮演老板，组员扮演顾客。

算法小达人：启蒙初探

图1.4 小卖部

留意自己所扮演的角色在这个过程中做了些什么，尝试用自然语言描述这个过程，并将其写在表1.9中。

表1.9 我的（　　　　）过程

角色	过程

二、对比不同的描述方式，了解流程图的优势

如何用流程图描述刚刚我们买水、卖水的过程呢？我们一起来看一看图1.5。

对比两种描述方式，说一说用流程图描述算法有哪些优势，并将优势写在表1.10中。

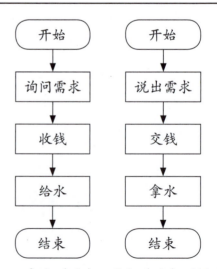

图1.5 卖水（左）、买水（右）的流程图

表1.10 用流程图描述算法的优势

优势1	
优势2	
优势3	

三、将流程图补充完整

在日常生活中，常常遇到这个问题：明天需要出门，但不知道明天的天气如何，出门需要带伞吗？解决这个问题的算法应该是怎样的呢？请你把图1.6所示的流程图补充完整。

我的智能成果

在了解了符号的意义、流程图的基本绘制规则和流程图的优势后，请将自己的收获以文字或图片的形式记录在表1.11中。

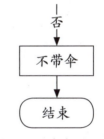

图1.6 补充流程图

表1.11 我的收获

研究问题	我的收获
对流程图的基本认识	

请将本节课的学习活动表现记录在表1.12中。

表1.12　我的学习活动表现

评价内容	自我评价	组长评价
了解流程图中不同符号的意义并会正确使用符号	☆☆☆☆☆	☆☆☆☆☆
了解流程图的基本绘制规则	☆☆☆☆☆	☆☆☆☆☆
了解流程图的优势	☆☆☆☆☆	☆☆☆☆☆

我的智能视野

回顾本节课的学习内容，利用掌握的知识和方法，我们还可以继续研究如何使用流程图描述数学问题的解法，例如绘制计算三角形面积的流程图，请填写表1.13，记录自己的研究过程和研究收获。

表1.13　我的研究记录

研究问题	研究过程	研究收获
如何绘制计算三角形面积的流程图		

第3课　算法的3种基本结构——顺序结构、循环结构、选择结构

我的智能生活

在日常生活中，每项活动都有其相应的流程。有些活动一次就能完成，有些活动则需要重复执行，还有些活动需要先做出判断才能继续执行。算法的3种基本结构——顺序结构、循环结构、选择结构，可以帮助我们更好地组织和管理这些流程，确保我们更加有序和高效地完成活动。

我的智能活动计划

本节课，我们先了解算法的3种基本结构——顺序结构、循环结构、选择结构，以及这3种基本结构的流程图的常见画法。接着我们再学习用自然语言对任务进行描述，并在此基础上为不同的活动绘制完整的流程图，从而更直观地理解算法的3种基本结构。可以参考如图1.7所示的流程来开展本节课的学习。

图1.7　智能活动计划

我的智能学习

一、算法的3种基本结构

顺序结构：需要按照一定顺序逐步执行任务时，例如按照步骤完成某项任务，或者按照指定顺序执行程序的不同部分时，可以使用顺

序结构。

循环结构：需要重复执行某段相同的程序时，可以使用循环结构。

选择结构：需要根据不同的条件选择执行不同的程序时，可以使用选择结构。

二、3种基本结构的流程图画法

为了更明确清晰地表述流程，3种基本结构的流程图画法不同，请你仔细观察表1.14。

表1.14　3种基本结构的流程图的常见画法

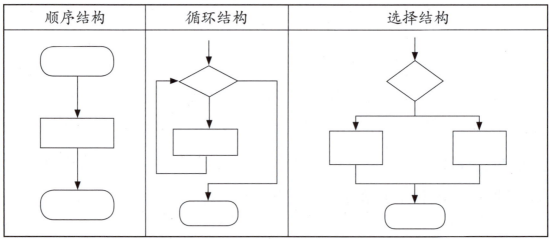

我的智能探索

一、用自然语言描述上学准备过程

用自然语言描述自己早上从起床到上学的准备过程，并将其填写在表1.15中，注意过程的完整性，描述清晰。

表1.15 我的上学准备过程

过程1	
过程2	
过程3	
过程4	

二、用流程图描述上学准备过程

根据你填写在表1.15中的内容，请在下方方框里尝试用流程图描述你的上学准备过程。

三、补充流程图，认识循环结构

学校门口有一个喷泉景观，7:00开启，18:00关闭。如图1.8和图1.9所示，可以使用循环结构绘制开启喷泉和关闭喷泉的流程图，请你将右面两组流程图补充完整。

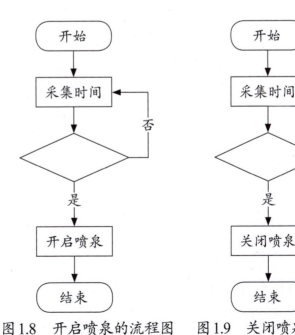

图1.8 开启喷泉的流程图　　图1.9 关闭喷泉的流程图

四、结合实际生活情况，绘制喷泉一日作业的完整流程图

刚才，我们分别绘制了开启喷泉和关闭喷泉的流程图。请你尝试在下方方框里把喷泉一日作业的流程图完整地绘制下来。

我的智能成果

在了解算法的3种基本结构并综合运用这3种基本结构完成流程图的绘制后，请将自己的收获以文字或图片的形式记录在表1.16中。

表1.16　我的收获

研究问题	我的收获
喷泉一日作业的流程图的绘制	

请将本节课的学习活动表现记录在表1.17中。

表1.17　我的学习活动表现

评价内容	自我评价	组长评价
用自然语言描述过程	☆☆☆☆☆	☆☆☆☆☆
了解算法的3种基本结构	☆☆☆☆☆	☆☆☆☆☆
能够综合运用算法的3种基本结构绘制流程图	☆☆☆☆☆	☆☆☆☆☆

我的智能视野

回顾本节课的学习内容，利用掌握的知识和方法，我们还可以继续研究如何运用算法的3种基本结构绘制其他流程图，例如如何运用算法的3种基本结构绘制自动开关门的流程图，请填写表1.18，记录自己的研究过程和研究收获。

表1.18　我的研究记录

研究问题	研究过程	研究收获
如何运用算法的3种基本结构绘制自动开关门的流程图		

第4课　算法的验证方式——编写并执行程序

我的智能生活

算法的验证方式有很多种，按照算法的描述编写并执行程序就是算法的验证方式之一，编写并执行程序可以帮助我们验证算法是否正确、有效。

我的智能活动计划

本节课，我们会了解问题求解的完整流程，认识图形化编程软件，最后通过编写并运行程序来更直观地进行算法的验证。可以参考下面的流程来开展本节课的学习，如图1.10所示。

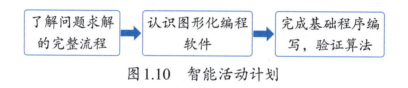

图1.10　智能活动计划

我的智能学习

一、问题求解的完整流程

在遇到复杂问题时，我们可以采用以下流程来解决，即"分析研究问题→了解求解算法→确定求解算法→描述求解算法→适当分解问题→设置程序参数→执行求解算法"。

二、图形化编程软件

图形化编程软件通过可视化的图形元素，以直观且易于理解的方式呈现编程内容，可以激发学习者的兴趣和创造力，并且提升学习者的逻辑推理能力和解决问题的能力。

我的智能探索

一、认识图形化编程软件

启动计算机上的图形化编程软件，观察编程软件的界面，了解各个区域的功能。图形化编程软件界面如图1.11所示。

图1.11　图形化编程软件界面

二、使用图形化编程软件编写程序，体验算法验证

请你在指令区找到图1.12所示的指令积木，把它们拖动到编程区并连接起来，再运行程序，就能看到舞台区的角色移动起来了！

图1.12　指令积木组合

除此之外，我们还可以打开角色库和背景库，选择喜欢的角色和背景加入到角色及背景编辑区，如图1.13所示。

算法小达人：启蒙初探

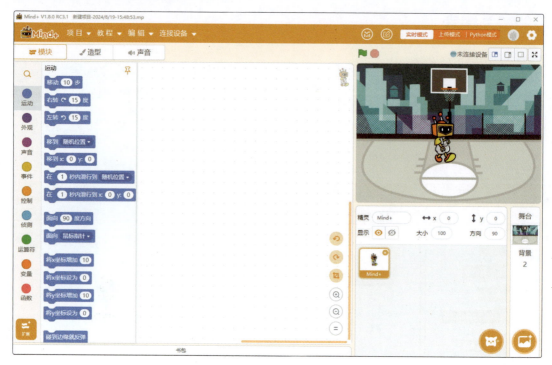

图1.13　添加角色和背景

三、探究不同指令

指令区还有很多指令积木，请你根据积木上的文字，大胆猜测一下它们的功能，并把自己的猜想、验证过程中所遇到的问题记录在表1.19中，与其他同学一起分享。

表1.19　探究不同指令

指令积木	功能	问题
在 1 秒内滑行到 随机位置	让角色移到随机位置	怎么移动到准确位置？

我的智能成果

认识图形化编程软件后，请将自己的收获以文字或图片的形式记录在表1.20中。

表1.20 我的收获

研究问题	我的收获
图形化编程软件的使用	
问题求解的完整流程	

请将本节课的学习活动表现记录在表1.21中。

表1.21 我的学习活动表现

评价内容	自我评价	组长评价
认识图形化编程软件的不同区域	☆☆☆☆☆	☆☆☆☆☆
知道问题求解的完整流程	☆☆☆☆☆	☆☆☆☆☆

我的智能视野

回顾本节课的学习内容,利用掌握的知识和方法,我们还可以继续研究如何让角色的动作变化,请填写表1.22,记录自己的研究过程和研究收获。

表1.22 我的研究记录

研究问题	研究过程	研究收获
如何让角色的动作变化		

单元总结

我做了什么

通过本单元的学习活动，了解了什么是算法，知道了完整的问题求解流程是：分析研究问题→了解求解算法→确定求解算法→描述求解算法→适当分解问题→设置程序参数→执行求解算法。尝试用流程图进行了算法的描述，使用图形化编程软件进行了算法的验证。

我学会了什么

梳理本单元的内容，补充完善图1.14。

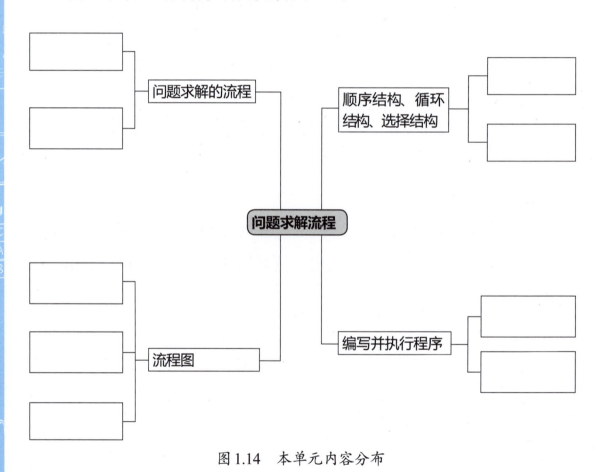

图1.14 本单元内容分布

我的收获

学习本单元，我们在初步认识算法的过程中，掌握了如何运用算法来分析问题、解决问题，初步形成了自己的计算思维。希望同学们在以后的学习中可以更加合理地使用算法，借助算法解决问题！

第二单元
巡线小车——理解算法控制结构

单元情景

在今天的智能生活中,打扫地面、巡逻安防等任务都可以通过预定路线并使用巡线小车来完成。本单元,我们将在虚拟环境中设计一款巡线小车,使它具备按规定路线行驶、辨识颜色、巡线行走、礼让行人的功能。

单元主题

能够沿着预定路线自主行驶的巡线小车在实际生活中有广泛的应用。请你和同学们讨论一下,并且思考以下几个问题。

1. 如何让巡线小车持续前进?
2. 如何让巡线小车具备巡线行走功能?
3. 巡线小车与路线有几种位置关系?
4. 如何让巡线小车在快要偏离路线时回归正确路线上?

我们可以根据图2.1来开展本单元的学习活动。

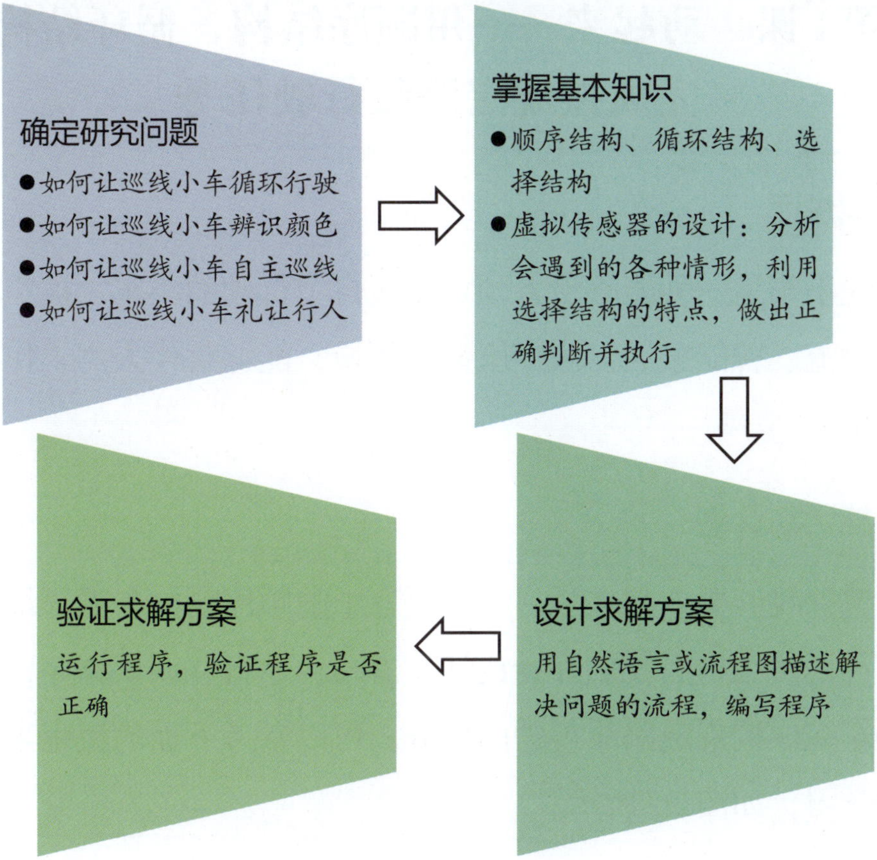

第二单元　巡线小车——理解算法控制结构

确定研究问题
- 如何让巡线小车循环行驶
- 如何让巡线小车辨识颜色
- 如何让巡线小车自主巡线
- 如何让巡线小车礼让行人

掌握基本知识
- 顺序结构、循环结构、选择结构
- 虚拟传感器的设计：分析会遇到的各种情形，利用选择结构的特点，做出正确判断并执行

设计求解方案
用自然语言或流程图描述解决问题的流程，编写程序

验证求解方案
运行程序，验证程序是否正确

图2.1　单元学习流程

我的智能学习目标

1. 了解顺序结构自上而下执行的特点，编写顺序结构程序。
2. 了解循环结构重复执行的特点，编写循环结构程序。
3. 了解选择结构中条件与选项之间的关系，编写选择结构程序。
4. 熟悉并体验使用算法的3种基本结构解决问题的过程。

我的智能学习工具

硬件准备：可以连接互联网的计算机。

软件准备：图形化编程软件。

算法小达人：启蒙初探

第1课　动起来——用顺序结构、循环结构完成按规定路线行驶任务

我的智能生活

巡线小车是一种能够沿着预定路线自主行驶的小车，被广泛应用于仓储物流、智能家居、医疗服务等领域，能够替代人类工作，提高工作效率。

我的智能活动计划

本节课我们要一起来学习程序语言中的顺序结构与循环结构，在理解两种语法结构后我们开始设计、编写、运行并调试程序，最终让巡线小车完成按规定路线行驶的任务。可以参考下面的流程来开展本节课的学习，如图2.2所示。

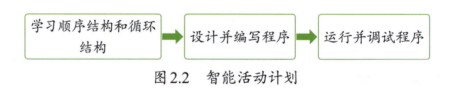

图2.2　智能活动计划

我的智能学习

一、分析顺序结构、循环结构的特点

顺序结构就像课程表中一天的课程安排，课程表如图2.3所示，同学们一天的课程从上而下依次进行，这也是顺序结构的特点。顺序结构示意图如图2.4所示。

循环结构是指程序重复执行相应语句。我们每学期只会发一次课程表，之后每个周一我们都会重复地上课程表上周一安排的课程，直

到本学期结束。

图2.3　课程表

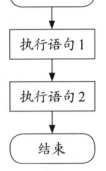

图2.4　顺序结构示意图

在循环结构内部，程序依旧按照自上而下的顺序执行，不过执行完循环结构内部的最后一个语句后会重新回到循环结构内部的第一个语句，重复执行。循环可以是永久循环，也可以输入常量指定循环的次数，或是根据相应条件控制循环。永久循环结构示意图如图2.5所示。

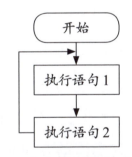

图2.5　永久循环结构示意图

二、编写、运行与调试程序

【观看程序运行效果】：设计并编写一个程序，让巡线小车实现重复按矩形路线行驶，如图2.6所示。

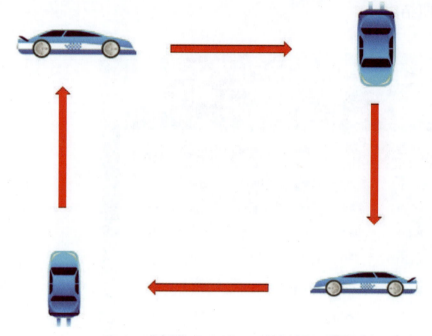

图2.6 巡线小车重复按矩形路线行驶

【讨论】：让巡线小车行驶起来和改变巡线小车的造型，需要用到哪些积木？

想让巡线小车行驶起来，可以选用积木 `在 1 秒内滑行到 x: -88 y: 30` ；想要改变巡线小车的造型，可以选用积木 `换成 赛车-侧面 造型` 。

【尝试】：设计并编写一段程序，让巡线小车先向上移动再向右移动。改变移动方向时，巡线小车的造型需要随之改变。

【讨论】：想一想如何让巡线小车一直按矩形路线行驶？

【尝试】：当需要巡线小车重复执行某一部分语句（在图形化编程软件中体现为积木）时，需要用到循环执行积木 `循环执行` 。

【注意】：在编程时，可以根据自己的需要对巡线小车的造型做出相应调整。巡线小车造型的水平翻转与垂直翻转如图2.7所示。

第二单元　巡线小车——理解算法控制结构

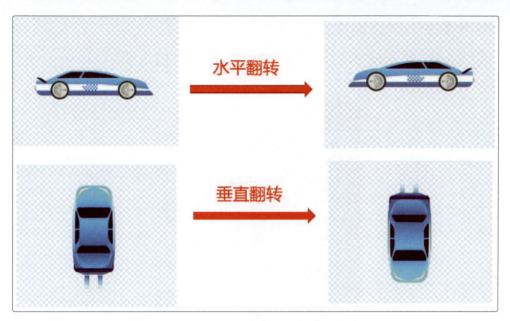

图2.7　巡线小车造型的水平翻转和垂直翻转

我的智能探索

一、描述算法

确定好巡线小车造型、程序结构后，分别用自然语言和流程图描述巡线小车重复按矩形路线行驶的过程，并记录在表2.1中。

表2.1　描述算法

用自然语言描述	用流程图描述

二、程序展示

巡线小车重复按矩形路线行驶的程序如图2.8所示。

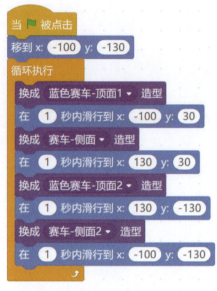

图2.8 巡线小车重复按矩形路线行驶的程序

我的智能成果

了解用顺序结构、循环结构控制巡线小车重复按矩形路线行驶的流程后，请将自己的收获以文字或图片的形式记录在表2.2中。

表2.2 我的收获

研究问题	我的收获
巡线小车如何重复按矩形路线行驶	

第二单元　巡线小车——理解算法控制结构

请将本节课的学习活动表现记录在表2.3中。

表2.3　我的学习活动表现

评价内容	自我评价	组长评价
分析巡线小车行驶的问题	☆☆☆☆☆	☆☆☆☆☆
合理使用顺序结构、循环结构	☆☆☆☆☆	☆☆☆☆☆
用自然语言或流程图描述算法	☆☆☆☆☆	☆☆☆☆☆

我的智能视野

回顾本节课的学习内容，利用掌握的知识和方法，我们还可以继续研究如何运用顺序结构解决其他问题，例如运用顺序结构让巡线小车按矩形路线行驶，请填写表2.4，记录自己的研究过程和研究收获。

表2.4　我的研究记录

研究问题	研究过程	研究收获
如何运用顺序结构让巡线小车按矩形路线行驶		

第2课 会辨色——用选择结构做好颜色识别

我的智能生活

巡线小车在行驶过程中会遇到各种各样的指示标志，本节课我们将通过设置虚拟传感器，让巡线小车具备辨色的功能。

我的智能活动计划

本节课，我们会学习选择结构的特点，分析讨论如何让巡线小车实现辨色功能，确定完任务所需要的算法后，编写、运行、调试程序，最终让巡线小车具备辨色功能。可以参考下面的流程来开展本节课的学习，如图2.9所示。

图2.9 智能活动计划

我的智能学习

一、分析选择结构特点

生活中我们常常这样描述选择结构："如果……那么……""当……就……"，程序中的选择结构要根据特定的条件来执行不同的分支命令，引导程序按照设定的条件选择不同的路径运行。

二、程序编写、运行与调试

【观看程序运行效果】：为巡线小车设计两个具有"辨色"功能的"传感器"。没有碰到红色条或绿色条时，巡线小车直行；如果碰到绿色条，巡线小车显示文字"左转"；如果碰到红色条，巡线小车显示文字"右转"。程序效果如图2.10所示。

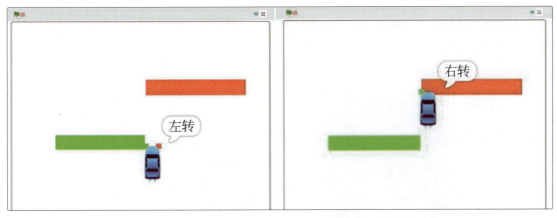

图2.10　程序运行效果

【讨论】：如何帮助巡线小车检测绿色与红色，以便巡线小车做出相应判断？

我们可以在巡线小车前端分别绘制一个绿色矩形、一个红色矩形，为巡线小车加一双"眼睛"。

【尝试】：单击菜单栏下方的"造型"按钮，使用"造型"修改区中的"矩形"等工具，在巡线小车的前端两侧分别绘制一个绿色矩形与一个红色矩形。效果如图2.11所示。

图2.11　为小车加一双"眼睛"

【讨论】：如何实现巡线小车碰到不同颜色显示不同文字？

【尝试】：巡线小车如果碰到场景中的绿色条，就显示文字"左转"；如果碰到场景中的红色条，就显示文字"右转"；如果没碰到红色条或绿色条就不显示文字。这需要"如果……那么执行……"积木

算法小达人：启蒙初探

。条件的部分，可以使用积木 颜色 碰到 ？。

【注意】：可以使用颜色选取器的"提取"功能获得想要选取的颜色，如图2.12所示。

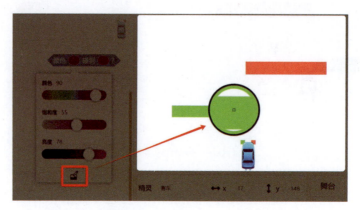

图2.12 使用颜色选取器，提取目标颜色

我的智能探索

一、描述算法

完成好场景设计后，请分别用自然语言和流程图来描述巡线小车辨识颜色的过程，并记录在表2.5中。

表2.5 描述算法

用自然语言描述	用流程图描述

二、程序展示

巡线小车使用选择结构检测绿色条和红色条的程序如图2.13所示。

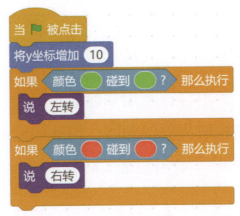

图2.13 巡线小车使用选择结构检测绿色条和红色条的程序

我的智能成果

在完成程序编写后,请将自己的收获以文字或图片的形式记录在表2.6中。

表2.6 我的收获

研究问题	我的收获
如何让巡线小车实现辨色功能	

请将本节课的学习活动表现记录在表2.7中。

表2.7 我的学习活动表现

评价内容	自我评价	组长评价
合理使用选择结构	☆☆☆☆☆	☆☆☆☆☆
用自然语言或流程图描述程序	☆☆☆☆☆	☆☆☆☆☆
完成程序编写	☆☆☆☆☆	☆☆☆☆☆

我的智能视野

回顾本节课的学习内容，利用掌握的知识和方法，我们可以继续研究如何运用选择结构解决其他问题，例如如何通过上、下、左、右按键控制巡线小车移动。请填写表2.8，记录自己的研究过程和研究收获。

表2.8 我的研究记录

研究问题	研究过程	研究收获
如何通过上、下、左、右按键控制巡线小车移动		

第二单元 巡线小车——理解算法控制结构

第3课　巡线任务——算法的3种基本结构综合运用1

我的智能生活

巡线小车通过执行各种任务，为人们提供更加便捷、舒适的生活。本节课，我们将编写巡线小车的巡线程序，让巡线小车按照路线引导完成巡线任务。

我的智能活动计划

本节课，我们首先需要根据任务需求完成场景设计，然后对巡线小车的巡线任务进行分析，确定完成任务所需要的算法，之后进行程序的编写、运行、调试，最终让巡线小车完成巡线任务。可以参考下面的流程来开展本节课的学习，如图2.14所示。

图2.14　智能活动计划

我的智能学习

一、场景设计

在舞台区铺设一条黑色路线，涉及直行、转弯、沿弧线行驶，使用紫色矩形作为路线的终点，让巡线小车停下。巡线小车路线如图2.15所示。

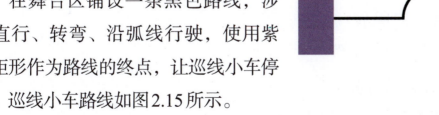

图2.15　巡线小车路线

二、任务分析

在本次任务中，巡线小车需要先检测到黑线，然后沿着黑线行驶。巡线小车与黑线具有3种位置关系，如图2.16所示。当巡线小车整体位置相对偏右时，需向左转；当巡线小车的整体位置相对居中时，直行即可；当巡线小车的整体位置相对偏左时，需向右转。

图2.16　巡线小车与黑线的3种位置关系

三、程序编写、运行与调试

【观看程序运行效果】：当巡线小车前方的绿色矩形碰到黑线时，巡线小车左转一个角度；当巡线小车前方红色矩形碰到黑线时，巡线小车右转一个角度；当巡线小车位于中间位置时，直行。当巡线小车到达终点（检测到紫色）时，停止行驶。程序运行效果如图2.17所示。

【讨论】：要让巡线小车实现沿黑线行驶的效果，需要用到哪些积木呢？

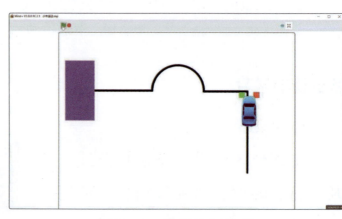

图2.17　程序运行效果

【尝试】：需要用到积木  、 、 。

【讨论】：如何让巡线小车停下来？

当巡线小车到达紫色矩形区域时，巡线小车前方的绿色矩形与红色矩形中至少有一个矩形与紫色矩形相接触，所以只要满足其中一方与紫色矩形相接触即可。

【尝试】：使用逻辑运算类积木 <或> 编写程序。

【注意】：如果舞台区巡线小车（绿色方框内的巡线小车）的方向不是垂直向上的，如图2.18所示，则不能完成巡线任务。此时我们需要调整红色方框内巡线小车的方向来改变绿色方框内巡线小车的方向，使绿色方框内的巡线小车的方向变为垂直向上。在选中红色方框内的巡线小车后，使用鼠标左键按住"旋转按钮"调整红色方框内巡线小车的方向，如图2.19所示，从而使绿色方框内巡线小车的方向是垂直向上的，如图2.20所示。

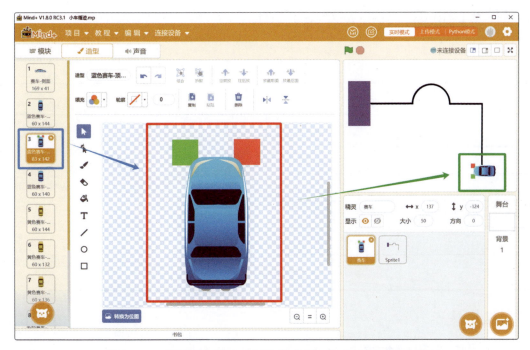

图2.18　调整前舞台区巡线小车的方向是错误的

算法小达人：启蒙初探

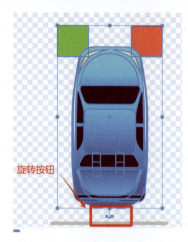
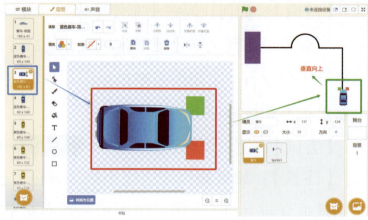

图2.19 使用"旋转按钮"可调整巡线小车方向

图2.20 调整后舞台区巡线小车的方向是正确的

我的智能探索

一、描述算法

完成好场景设计后，分别用自然语言和流程图描述巡线小车完成巡线任务的过程，并记录在表2.9中。

表2.9 描述算法

用自然语言描述	用流程图描述

二、程序展示

巡线任务程序如图2.21所示。

第二单元　巡线小车——理解算法控制结构

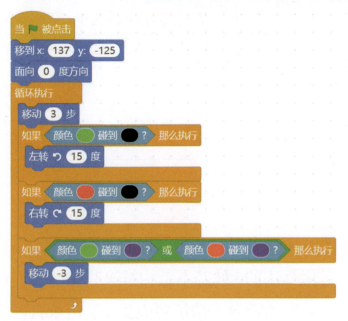

图 2.21　巡线任务程序

我的智能成果

在完成巡线任务程序后，请将自己的收获以文字或图片的形式记录在表 2.10 中。

表 2.10　我的收获

研究问题	我的收获
如何让巡线小车完成巡线任务	

请将本节课的学习活动表现记录在表 2.11 中。

表2.11　我的学习活动表现

评价内容	自我评价	组长评价
分析场景设计	☆☆☆☆☆	☆☆☆☆☆
合理使用算法的3种基本结构	☆☆☆☆☆	☆☆☆☆☆
用自然语言或流程图描述程序	☆☆☆☆☆	☆☆☆☆☆
完成程序编写	☆☆☆☆☆	☆☆☆☆☆

我的智能视野

回顾本节课的学习内容，利用掌握的知识和方法，我们可以继续研究如何综合运用算法的3种基本结构解决其他问题，例如如何让巡线小车碰到边界后自动转向，请填写表2.12，记录自己的研究过程和研究收获。

表2.12　我的研究记录

研究问题	研究过程	研究收获
如何让巡线小车碰到边界后自动转向		

第4课 复杂场景——算法的3种基本结构综合运用2

我的智能生活

在实际生活中，路上行驶的汽车需要礼让行人。在本节课中，我们也要让我们的巡线小车能够"礼让行人"。

我的智能活动计划

我们需要先根据任务需求添加角色（行人、巡线小车），再对巡线小车的"礼让"任务进行分析，根据需求对巡线小车及相关场景进行设计。设置好相应的角色后，确定完成任务所需要的算法，编写"礼让行人"程序并运行、调试，最终让巡线小车实现"礼让"效果。可以参考下面的流程来开展本节课的学习，如图2.22所示。

图2.22 智能活动计划

我的智能学习

一、添加角色

行人：横向行走；巡线小车：纵向行驶。场景效果如图2.23所示。

二、任务分析

我们可以在车头的位置绘制一个淡黄色矩形，为巡线小车搭

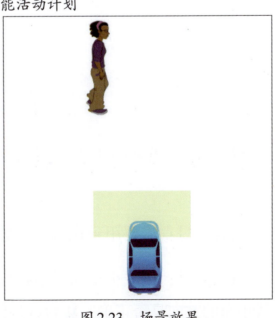

图2.23 场景效果

设"传感器",通过提取行人的鞋子颜色,帮助巡线小车判断是否碰到行人,即"如果巡线小车前的淡黄色矩形碰到行人的鞋子",巡线小车就停下。在本程序中,由于巡线小车是在循环结构的指引下前行,为了让巡线小车停下,我们选择使用"移动-3步"抵消前进的路程(假设之前设定的是"移动3步")。

三、程序编写、运行与调试

【观看程序运行效果】:巡线小车在没有遇到行人时,持续直行;当巡线小车前方的淡黄色矩形碰到行人的鞋子时,就停下。程序运行效果如图2.24所示。

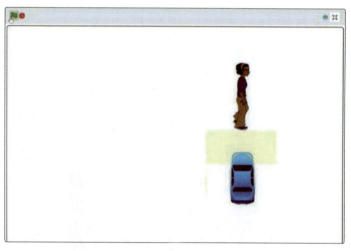

图2.24 程序运行效果

【讨论】:想要实现巡线小车遇到行人就停下,需要用到哪些积木呢?

【尝试】:需要用到积木 颜色●碰到●? 、、。

【注意】:巡线小车如果不朝指定方向行驶,请检查"造型"中巡线小车的方向是否正确。舞台区巡线小车的正确方向如图2.25所示。

第二单元 巡线小车——理解算法控制结构

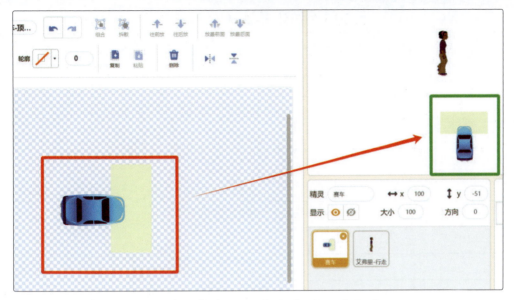

图2.25 舞台区巡线小车的正确方向

我的智能探索

一、描述算法

做好行人、巡线小车两个角色的设置后，分别用自然语言和流程图描述巡线小车"礼让行人"的过程，并记录在表2.13和表2.14中。

表2.13 描述算法（行人）

用自然语言描述（行人）	用流程图描述（行人）

算法小达人：启蒙初探

表2.14 描述算法（巡线小车）

用自然语言描述（巡线小车）	用流程图描述（巡线小车）

二、程序展示

关于行人的程序、关于巡线小车的程序如图2.26所示。

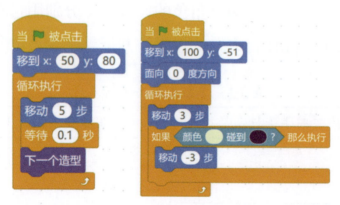

图2.26 关于行人的程序（左）、关于巡线小车的程序（右）

我的智能成果

在完成巡线小车"礼让行人"的程序后，请将自己的收获以文字或图片的形式记录在表2.15中。

第二单元　巡线小车——理解算法控制结构

表 2.15　我的收获

研究问题	我的收获
如何让巡线小车"礼让行人"	

请将本节课的学习活动表现记录在表 2.16 中。

表 2.16　我的学习活动表现

评价内容	自我评价	组长评价
分析任务，添加角色	☆☆☆☆☆	☆☆☆☆☆
合理使用算法的 3 种基本结构	☆☆☆☆☆	☆☆☆☆☆
用自然语言或流程图描述程序	☆☆☆☆☆	☆☆☆☆☆
完成程序编写	☆☆☆☆☆	☆☆☆☆☆

我的智能视野

回顾本节课的学习内容，利用掌握的知识和方法，我们可以继续研究如何综合运用算法的 3 种基本结构来解决其他问题，例如：让巡线小车在"礼让行人"的同时，在十字路口等复杂环境能够遵循交通规则（红灯停、绿灯行等），请填写表 2.17，记录自己的研究过程。

表 2.17　我的研究记录

研究问题	研究过程	研究收获
如何让巡线小车在"礼让行人"的同时，实现"红灯停、绿灯行"		

单元总结

我做了什么

通过本单元的学习活动，我们对顺序结构、循环结构、选择结构这3种基本结构有了更加深入的了解。并且我们学会了编写程序，让的巡线小车具有了持续行驶、判断颜色、巡线行走、礼让行人的功能。

我学会了什么

请同学们梳理本单元的内容并填在图2.27中。

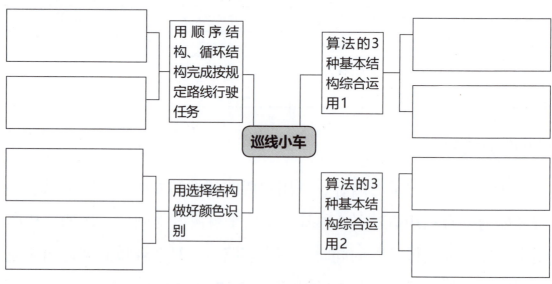

图2.27　单元内容分布

我的收获

本单元，我们在完成各项任务的过程中，加深了对算法的3种基本结构的认识，在分析问题、确定算法、编写程序、运行和调试程序的过程中，进一步提升了自己的计算思维。

第三单元
水电费阶梯计费——设计问题求解算法

单元情景

小明最近发现这个月家里的用水量和上个月的基本相同，但是这个月的水费却突然增加了许多。这令小明非常困惑，于是他决定调查一下原因，后来发现他所居住的小区最近开始实行用水阶梯计费标准。你能根据用水量和阶梯计费标准计算出水费来帮助小明解决困惑吗？

单元主题

请你和同学讨论并思考以下问题。

1. 什么是阶梯计费呢？
2. 为什么要实施阶梯计费？
3. 你能根据用水量计算出水费吗？
4. 你能编写一个程序，只要输入用水量，就能自动计算水费吗？

可以参考图3.1来开展本单元的学习活动。

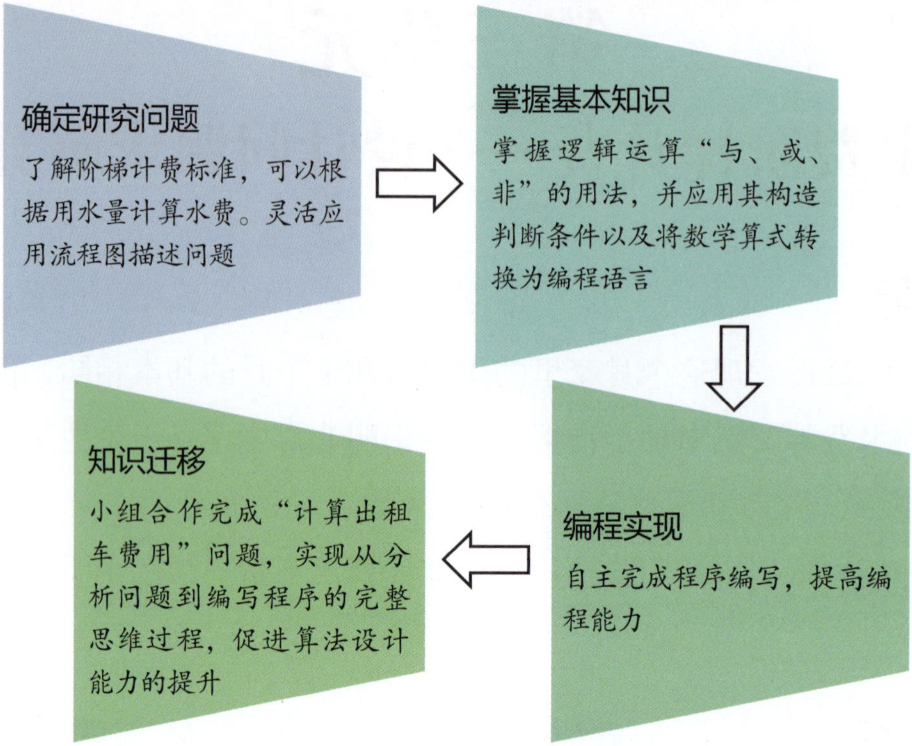

算法小达人：启蒙初探

确定研究问题
了解阶梯计费标准，可以根据用水量计算水费。灵活应用流程图描述问题

掌握基本知识
掌握逻辑运算"与、或、非"的用法，并应用其构造判断条件以及将数学算式转换为编程语言

知识迁移
小组合作完成"计算出租车费用"问题，实现从分析问题到编写程序的完整思维过程，促进算法设计能力的提升

编程实现
自主完成程序编写，提高编程能力

图3.1　单元学习流程

我的智能学习目标

1. 理解阶梯计费的基本概念和应用背景。

2. 能应用流程图描述问题。

3. 掌握逻辑运算"与、或、非"的用法，并学会应用"与、或、非"构造判断条件。

4. 编写程序实现阶梯计费的功能。

5. 对知识进行迁移应用，独立分析、解决生活中的阶梯计费问题。

我的智能学习工具

硬件准备：可以连接互联网的计算机。

软件准备：图形化编程软件。

第1课　水电费阶梯计费知多少——分析问题、用结构化流程图描述算法

我的智能生活

某自来水公司为鼓励节约用水，从这个月开始采取按月阶梯计费的方法收取水费，用水量在12吨以内（含12吨）每吨2.5元；超过12吨的部分，每吨3.8元。小红家这个月的用水量为11吨，应缴多少水费？小明家这个月的用水量为17吨，应缴多少水费？

我的智能活动计划

在解决具体问题时，首先我们需要分析问题，了解阶梯计费标准，用数学方法计算阶梯水费。然后，思考阶梯计费的意义。最后，绘制计算阶梯水费的流程图，为下一步的程序实现厘清思路。具体流程如图3.2所示。

图3.2　智能活动计划

我的智能学习

一、分析阶梯计费问题

上述阶梯计费标准如图3.3所示。

请独立完成表3.1，并且和同桌分享交流。

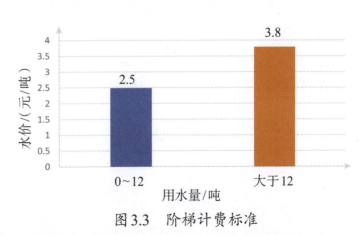

图3.3　阶梯计费标准

表3.1　用数学方法计算阶梯水费

用水量	用水量范围	水费
11吨	小于12吨	_____
17吨	大于12吨	12吨以内的费用：_____
		超过12吨的费用：_____
		总费用：_____

用程序实现阶梯计费时，用水量是个未知数，假设这个月用水量是a吨，首先需要对用水量的范围进行判断，然后计算水费。请同学们小组讨论完成表3.2。

表3.2　用水量未知时计算阶梯水费

这个月用水量	用水量范围	这个月水费
a吨	a小于等于____吨	_____
	a大于____吨	12吨以内的费用：_____
		超过12吨的费用：_____
		总费用：_____

二、实施阶梯计费的意义

从前文可知，如果用水量少，每吨水的价格就比较低；但是如果用水量多，超过了某个值，超出部分每吨水的价格就会升高。实施阶梯计费标准，可以倡导人们更加合理地使用水资源，促进环境可持续发展。

我的智能探索

请小组讨论并完善图3.4。

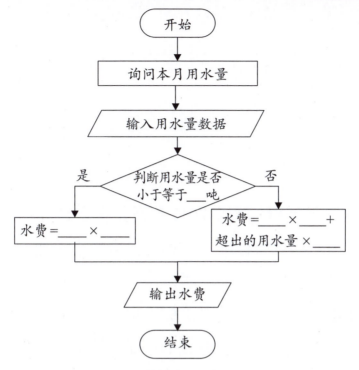

图 3.4　计算阶梯水费的流程图

我的智能成果

请将自己的收获以文字或图片的形式记录在表3.3中。

表3.3　我的收获

研究问题	我的收获
采取阶梯计费的好处	
阶梯计费首先要判断什么？	

请将本节课的学习活动表现记录在表3.4中。

表3.4 我的学习活动表现

评价内容	自我评价	组长评价
知道采取阶梯计费的特点及意义	☆☆☆☆☆	☆☆☆☆☆
会用数学方法计算阶梯水费	☆☆☆☆☆	☆☆☆☆☆
会用流程图描述阶梯计费算法	☆☆☆☆☆	☆☆☆☆☆

我的智能视野

居民用电阶梯计费标准于2012年开始在全国范围内实施。我国不同地区的用电阶梯计费标准并不相同。阶梯电价通常针对不同类型的用户设置不同的标准。例如，居民用户、商业用户和工业用户由于用电需求和用电特性不同，其电价标准也会有所差异。经济发达地区可能需要更高的电价来覆盖供电成本，而经济欠发达地区则可能通过较低的电价来保障居民的基本生活用电。不同地区的能源供应结构可能不同，有些地区依赖煤炭等传统能源，有些地区则利用风能、太阳能等可再生能源，不同的能源成本也会影响电价水平。政府会根据当地的实际情况制定电价政策，以平衡电力供需、促进节能减排和保障民生。

第2课　水电费阶梯计费程序初步实现——构造判定条件

我的智能生活

编写水电费阶梯计费程序，需要在程序中构造选择结构的判定条件，来确定用水量或用电量的范围。

我的智能活动计划

本节课我们会学习逻辑运算（与、或、非）的用法，以及如何将数学表达式转换为编程语言和图形化编程软件中人机交互模块的使用方法，进而能够灵活应用逻辑运算和算术运算构造判定条件，将自然语言变成程序。具体流程如图3.5所示。

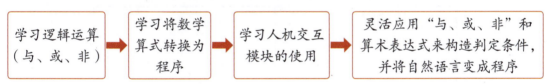

图3.5　智能活动计划

我的智能学习

一、逻辑运算（与、或、非）

图形化编程软件提供的逻辑运算（与、或、非）积木如图3.6所示。

逻辑运算（与、或、非）的真值如表3.5~表3.7所示。

图3.6　图形化编程软件中的逻辑运算积木

表3.5　逻辑"与"运算

条件A	条件B	条件A与条件B
假	假	假
真	假	假
假	真	假
真	真	真

表3.6　逻辑"或"运算

条件A	条件B	条件A或条件B
假	假	假
真	假	真
假	真	真
真	真	真

表3.7　逻辑"非"运算

条件A	非条件A
假	真
真	假

二、将数学算式转换为程序

将数学算式"(40-20)×9+10×6+10×3"转换为程序，如图3.7所示。

合并 计算结果为 40 - 20 * 9 + 10 * 6 + 10 * 3

图3.7　数学算式转换为程序

如何将数学算式的计算结果输出到舞台区呢？如图3.8所示。

图 3.8 数学算式的计算结果输出

三、人机交互模块的使用

日常生活中每家的用水量都不同,在计算水费时,我们需要输入具体的用水量。在图形化编程软件中,我们可以用图3.9中的积木实现。当我们从键盘输入用水量时,用水量数据被存储在"回答"积木中。

图 3.9 人机交互积木

四、将自然语言变成程序

通过键盘输入一个数,程序判断大小后显示:"这个数大于或等于50"或"这个数小于50",将自然语言变成如图3.10所示的程序。

图 3.10 判断一个数大于或等于50还是小于50的程序

我的智能探索

你能完善下面的程序，将自然语言变成程序吗？

1. 按下鼠标或者空格键，角色移动50步，程序如图3.11所示。

2. 从键盘上输入一个数，判断奇偶性后输出奇数或者偶数，程序如图3.12所示。

图3.11　按下鼠标或空格键后角色移动程序

图3.12　判断一个数的奇偶性程序

3. 判断用水量是否在12吨以内，程序如图3.13所示。

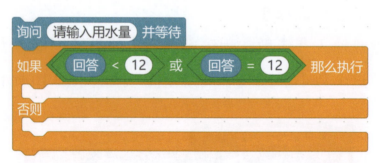

图3.13　判定用水量是否在12吨以内的条件构造程序

我的智能成果

请将自己的收获以文字或图片的形式记录在表3.8中。

第三单元　水电费阶梯计费——设计问题求解算法

表3.8　我的收获

研究问题	我的收获
描述逻辑运算"与""或""非"的用法	
人机互动时，在键盘上输入的数据存储到哪里了，如何访问存储的数据？	

请将本节课的学习活动表现记录在表3.9中。

表3.9　我的学习活动表现

评价内容	自我评价	组长评价
理解逻辑运算"与""或""非"	☆☆☆☆☆	☆☆☆☆☆
能将算术表达式转换为程序	☆☆☆☆☆	☆☆☆☆☆
能将需要进行条件判断的自然语言转换为程序	☆☆☆☆☆	☆☆☆☆☆

我的智能视野

我们知道冰箱有两个很重要的功能——冷藏（2~8摄氏度）和冷冻（-24~-18摄氏度），不同品牌、不同型号的冰箱的冷藏温度和冷冻温度可能有所差异。那冰箱如何调节温度呢？冰箱内部感知温度的方式主要依赖于感温探头。当冷藏室感温探头监测到温度>8摄氏度时，控制制冷系统就会启动工作或加大工作力度，以降低冷藏室的温度；反之，当温度过低时，则会停止工作或减小工作力度，以避免冷藏室结冰。冷冻室的操作与冷藏室相似。

第3课 水电费阶梯计费程序完整实现——选择结构综合应用

我的智能生活

我们学习了构造判定条件等编程基础内容，现在你能编写出计算阶梯水费的程序吗？

我的智能活动计划

本节课中，我们首先根据第1课绘制的流程图和第2课的逻辑运算和算术运算等编程知识，完成计算阶梯水费的程序。然后同学们尝试自己解决计算阶梯电费问题，从分析问题、绘制流程图到编写程序计算阶梯电费。具体流程如图3.14所示。

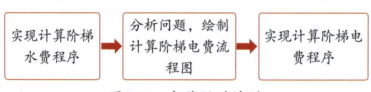

图3.14 智能活动计划

我的智能学习

请根据本单元第1课的流程图（图3.4），补充完成图3.15中的计算阶梯水费程序，并且验证程序算得对不对。

我的智能探索

某地居民电费阶梯计费标准如图3.16

图3.15 计算阶梯水费程序

所示，你能编写出计算阶梯电费的程序吗？

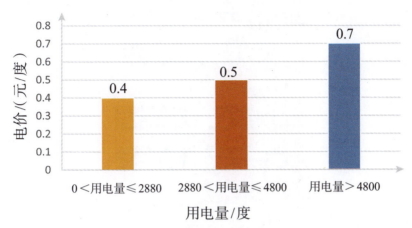

图3.16 某地居民阶梯电费收费标准

下面给出了计算阶梯电费的流程图的关键部分，请你与同学讨论完成图3.17的绘制。

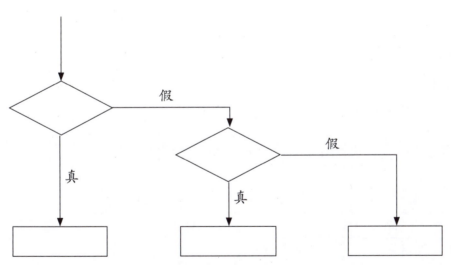

图3.17 计算阶梯电费的流程图的关键部分

请根据流程图独立完成程序的编写，实现自动计算阶梯电费。计算阶梯电费程序如图3.18所示。

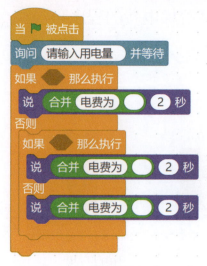

图3.18 计算阶梯电费程序

我的智能成果

请将自己的收获以文字或图片的形式记录在表3.10中。

表3.10 我的收获

研究问题	我的收获
梳理出计算阶梯水电费时从分析问题到最终编程实现的过程	

请将本节课的学习活动表现记录在表3.11中。

表3.11 我的学习活动表现

评价内容	自我评价	组长评价
能根据流程图完成计算阶梯水费程序的编写	☆☆☆☆☆	☆☆☆☆☆
能根据阶梯电费问题绘制流程图	☆☆☆☆☆	☆☆☆☆☆
能完成计算阶梯电费程序的编写	☆☆☆☆☆	☆☆☆☆☆

我的智能视野

　　选择结构在程序中主要解决"根据不同情况做出不同选择"的问题。就像我们在生活中遇到不同的情况会做出不同选择一样，计算机程序也需要根据不同情况来选择执行不同的操作。程序会根据某些条件（例如用户的输入）来判断执行其中哪一段。

第4课　出租车计费程序——生活中阶梯计费算法的应用

我的智能生活

小明乘坐出租车时，看到出租车上面贴着计费规则：起步价10元，3千米以内（含3千米）不另外计费，超过3千米、不超过10千米的部分按2元/千米计费，超过10千米之后按照2.5元/千米计费；结账时，需加收1元的燃油附加费。你能帮小明编写一个出租车计费程序吗？

我的智能活动计划

生活中还有很多场景应用阶梯计费，比如本节课中我们要解决的出租车计费。同学先自己尝试分析出租车阶梯计费规则并用数学算式计算出费用。然后，绘制计算出租车费用的流程图。最后，编写出租车计费程序，并且小组之间进行交流和展示。具体流程如图3.19所示。

图3.19　智能活动计划

我的智能学习

请同学们小组讨论出租车计费规则并完成表3.12。

表3.12　出租车计费表

行驶的里程/千米	2	5	12
车费/元			

请同学们小组讨论梳理计算出租车费用的流程图，如图3.20所示。

第三单元 水电费阶梯计费——设计问题求解算法

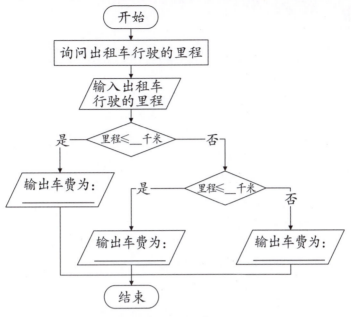

图3.20 计算出租车费用的流程图

我的智能探索

请同学们通过小组合作，根据流程图完善程序。每个小组可以展示自己的项目成果，并且分享在程序设计和实现过程中遇到的困难和解决方法。出租车计费程序如图3.21所示。

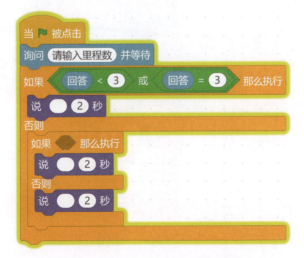

图3.21 出租车计费程序

算法小达人：启蒙初探

我的智能成果

请将自己的收获以文字或图片的形式记录在表3.13中。

表3.13　我的收获

研究问题	我的收获
生活中阶梯计费应用广泛，例如：手机话费、停车场计费、高速ETC收费、公共交通收费等。请你选择一个场景分析阶梯计费的算法	

请将本节课的学习活动表现记录在表3.14中。

表3.14　我的学习活动表现

评价内容	自我评价	组长评价
可以分析问题并绘制出流程图	☆☆☆☆☆	☆☆☆☆☆
能够根据流程图编写程序	☆☆☆☆☆	☆☆☆☆☆

我的智能视野

小明家附近的超市为了促销，规定：购物不超过100元的按照原价付款；超过100元不超过200元的，超过部分按照9折付款；超过200元的，超过部分按照8折付款。你能参考图3.22编写一个超市自动计费程序吗？提示：100元的9折是100×0.9=90（元）。

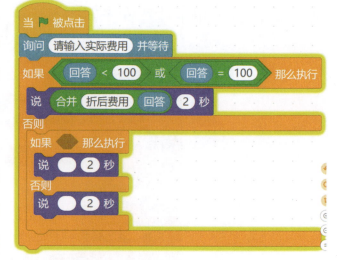

图3.22　超市自动计费程序

第三单元 水电费阶梯计费——设计问题求解算法

单元总结

我做了什么

通过本单元的学习活动，我们学习了水电费阶梯计费的算法，并且用流程图描述算法；学习了逻辑运算"与、或、非"的特点和区别，并且将阶梯计费的条件从自然语言转换为程序；编写计算阶梯水电费的程序；并且可以知识迁移，编写生活中能用到的其他阶梯计费程序。

我学会了什么

请同学们梳理本单元的内容并填写在图3.23中。

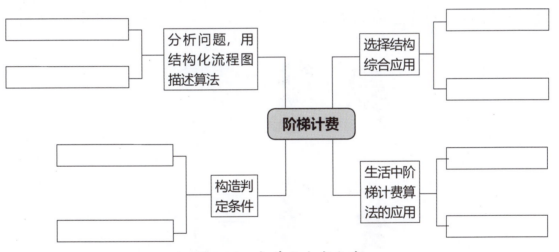

图3.23 本单元内容分布

我的收获

通过本单元的学习和实践，我的收获如下。

1. 提升了逻辑思维能力、问题解决能力和创新能力。
2. 认识到算法设计在解决实际问题中的作用，提升了自己的算法素养和能力。

第四单元
石头、剪刀、布——形成游戏算法策略

单元情景

小明和小红在玩"石头、剪刀、布"游戏,如图4.1所示,刚开始他们各有输赢,后来小明慢慢发现了小红的出拳规律,并据此赢的次数变多了。

同学们,你们玩过"石头、剪刀、布"游戏吗?如何才能在多次游戏中赢过对手?让我们利用概率与统计和图形化编程知识,设计出能够战胜对手的算法策略吧。

图4.1 "石头、剪刀、布"游戏

第四单元 石头、剪刀、布——形成游戏算法策略

单元主题

如何编程制作"石头、剪刀、布"游戏呢？小明发现了怎样的规律，如何在编程中应用这个规律来提高游戏的获胜概率呢？请你和同学们讨论并思考以下几个问题。

1. 设计出的游戏在舞台区如何呈现？
2. 设计的游戏有几个角色，各自实现怎样的功能？
3. 如何判定输赢？
4. 如何在程序中应用发现的规律来提高获胜概率？

可以参考图4.2来展开本单元的学习活动。

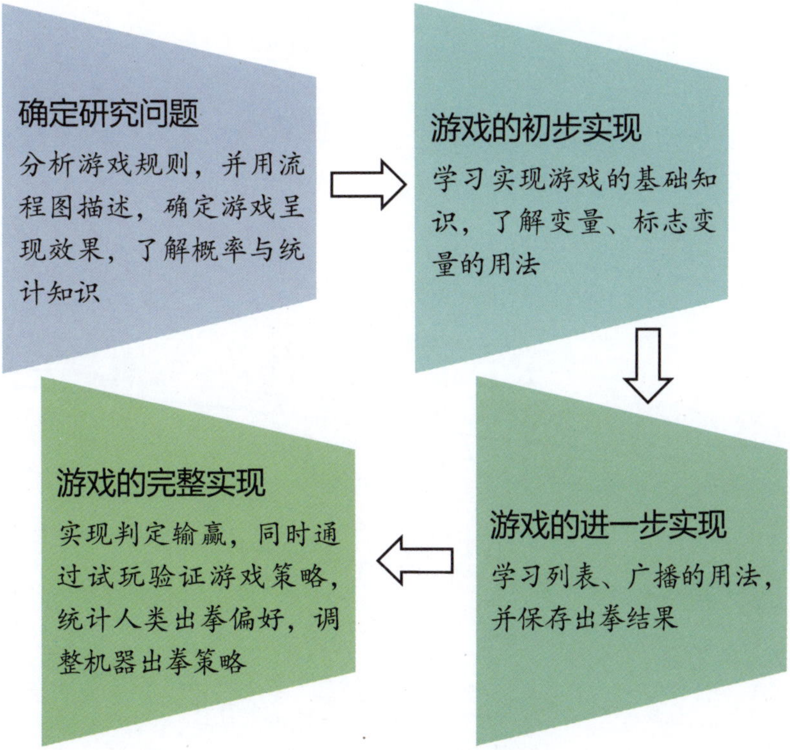

确定研究问题
分析游戏规则，并用流程图描述，确定游戏呈现效果，了解概率与统计知识

游戏的初步实现
学习实现游戏的基础知识，了解变量、标志变量的用法

游戏的进一步实现
学习列表、广播的用法，并保存出拳结果

游戏的完整实现
实现判定输赢，同时通过试玩验证游戏策略，统计人类出拳偏好，调整机器出拳策略

图4.2 单元学习流程

算法小达人：启蒙初探

我的智能学习目标

1. 分析"石头、剪刀、布"游戏规则并用流程图描述。
2. 了解概率与统计，能够计算简单游戏的获胜概率。
3. 掌握编程中"变量""列表""广播"的用法。
4. 能够利用编程工具进行算法策略的实现和调试。
5. 总结应用编程解决现实问题的一般步骤。

我的智能学习工具

硬件准备：可以连接互联网的计算机。

软件准备：图形化编程软件。

第1课 "石头、剪刀、布"游戏规则——分析问题

我的智能生活

在生活中做事情之前需要制订计划，编程亦然。你准备怎样实现"石头、剪刀、布"游戏呢？你能通过分析游戏出拳数据来总结对手的出拳偏好，从而制订出拳策略并及时调整出拳策略，最终提高获胜概率吗？

我的智能活动计划

本节课我们首先通过两人试玩"石头、剪刀、布"游戏，记录游戏中双方出拳情况，尝试分析游戏出拳数据来总结对手出拳偏好，从而制订出拳策略并及时调整出拳策略，提高获胜概率。然后，绘制"石头、剪刀、布"游戏流程图。最后，思考并尝试设计"石头、剪刀、布"游戏程序。具体流程如图4.3所示。

图4.3　智能活动计划

我的智能学习

小组合作，组内两位同学玩"石头、剪刀、布"游戏，其他同学负责记录和寻找在游戏中能够获胜的规律。游戏规则如图4.4所示。

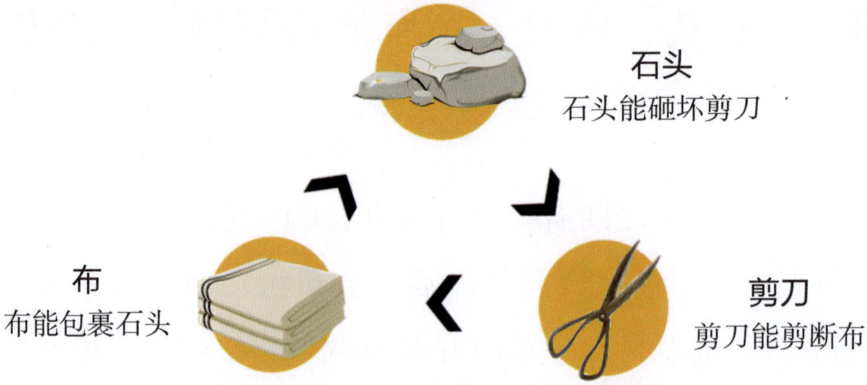

算法小达人：启蒙初探

石头
石头能砸坏剪刀

布
布能包裹石头

剪刀
剪刀能剪断布

图4.4　游戏规则

根据表4.1，统计在10次出拳中，同学A和同学B分别出石头、剪刀、布的次数。

同学A：出石头____次、剪刀____次、布____次。

同学B：出石头____次、剪刀____次、布____次。

"获胜次数÷总次数"为获胜概率，用分数表示，例如$\frac{1}{3}$。

在不知道对手出拳策略的情况下，每个手势的获胜概率是否相等？_____，因为_____。

编程时，可以记录大量历史出拳结果，统计出每种手势出现的概率，从而调整出拳策略以获得胜利。

表4.1　游戏记录

同学A	同学B	赢家

同学A	同学B	赢家

我的智能探索

一、绘制流程图

游戏流程图如图4.5所示。

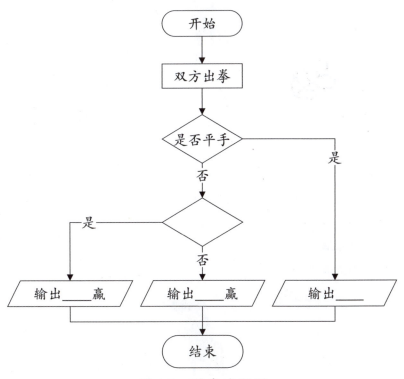

图4.5 游戏流程图

二、要实现编程，你准备如何设计游戏？

你设计的游戏有几个角色，每个角色有怎样的功能？

三、供参考的游戏设计

点击绿旗后,"人类"角色循环切换"石头、剪刀、布"造型,机器和裁判不做任何操作,界面如图4.6所示。点击"人类"角色后,界面如图4.7所示,确定人类出拳结果为"石头",机器出拳结果为"布",裁判判断输赢。

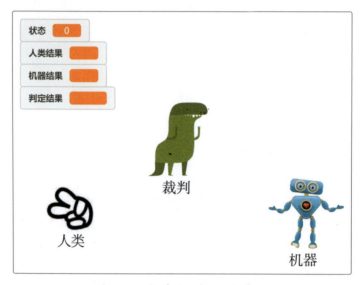

图4.6 点击绿旗后的界面

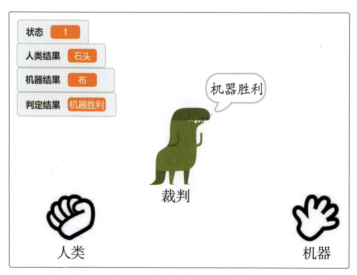

图4.7 点击"人类"角色后的界面

第四单元　石头、剪刀、布——形成游戏算法策略

我的智能成果

请将自己的收获记录在表4.2中。

表4.2　我的收获

研究问题	我的收获
运用数据分析"石头、剪刀、布"游戏中对手的出拳策略	
分析并绘制游戏流程图	

请将本节课的学习活动表现记录在表4.3中。

表4.3　我的学习活动表现

评价内容	自我评价	组长评价
能计算出拳获胜概率并调整游戏策略	☆☆☆☆☆	☆☆☆☆☆
能分析出角色数量及其具体功能	☆☆☆☆☆	☆☆☆☆☆

我的智能视野

在采用编写程序解决问题时，首先要明白这个问题是什么，然后再想怎样编写程序，即告诉计算机该怎么做。例如：找出所有红色的苹果，就需要知道"红色"是什么意思，"苹果"长什么样，"找出"是怎么一回事，之后再进行程序编写。

编程就像是和计算机玩一个游戏，你要用特殊的语言来告诉计算机应该怎么做，然后看计算机能不能按照你的指示完成任务。

算法小达人：启蒙初探

第2课 "石头、剪刀、布"初步实现——变量和标志变量

我的智能生活

在"石头、剪刀、布"游戏中，要记录角色的状态、游戏双方的出拳情况等，需要使用多个变量来存储程序运行过程中的数据。

什么是变量呢？变量是内存中的一个容器，用来存储数据，我们可以把它想象成一个带标签的盒子（如图4.8所示）。我们可以把手机放进这个盒子，也可以把苹果放进这个盒子。盒子是不变的，但放在里面的东西可以变化，因此被称为变量。图形化编程中的变量如图4.9所示。

图4.8 带标签的盒子　　图4.9 图形化编程中的变量

我的智能活动计划

本节课我们需要学习"石头、剪刀、布"游戏的一些编程基础知识。首先，我们了解标志变量的含义后，找找生活中的标志变量。然后，探索"石头、剪刀、布"游戏中如何使用标志变量控制流程。最后，使用标志变量编写程序。具体流程如图4.10所示。

第四单元 石头、剪刀、布——形成游戏算法策略

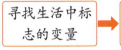

寻找生活中标志的变量 → 探索在游戏中如何使用标志变量来控制流程 → 实现使用标志变量的程序编写

图 4.10 智能活动计划

我的智能学习

标志变量通常是一个布尔类型的变量，即只能取两种值：真（1）或假（0）。生活中有哪些标志变量呢？请在表 4.4 中记录一下吧！

表 4.4 生活中的标志变量

变量	变量的值	标志含义
颜色	真（1）	黑
	假（0）	白
开关灯	真（1）	开灯
	假（0）	关灯

我的智能探索

一、新建变量

新建名为"状态"的变量，记录人类角色有没有出拳。界面如图 4.11 所示。

二、探索使用标志变量来控制程序流程

点击绿旗后，变量"状态"的值为 0，人类角色循环

图 4.11 新建变量界面

算法小达人：启蒙初探

切换"石头""剪刀""布"的造型，当人类角色被点击后，会更改变量"状态"的值为1，人类不再切换手势造型，机器出拳，流程图如图4.12所示。

人类角色"石头、剪刀、布"造型如图4.13所示，使用循环结构实现切换造型的程序如图4.14所示。

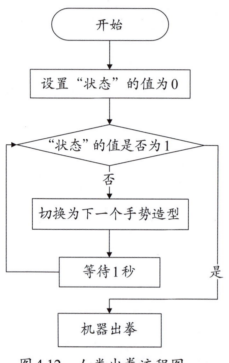

图4.12　人类出拳流程图

图4.13　人类角色"石头、剪刀、布"造型

图4.14　使用循环结构实现切换造型的程序

可以通过标志变量"状态"的值来控制程序运行流程，如图4.15

和图4.16所示。

图4.15 点击角色更改变量"状态"的值

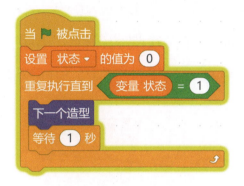

图4.16 人类出拳程序

我的智能成果

请将自己的收获记录在表4.5中。

表4.5 变量"状态"的值在游戏中的含义

研究问题	我的收获
在"石头、剪刀、布"游戏中为什么需要使用标志变量？	
在"石头、剪刀、布"游戏中如何设置标志变量的值来控制程序？	

请将本节课的学习活动表现记录在表4.6中。

表4.6 我的学习活动表现

评价内容	自我评价	组长评价
了解变量的用法	☆☆☆☆☆	☆☆☆☆☆
知道标志变量的特点及用法	☆☆☆☆☆	☆☆☆☆☆
会用编程实现人类角色出拳程序	☆☆☆☆☆	☆☆☆☆☆

算法小达人：启蒙初探

我的智能视野

小红的杯子里装着橙汁，小明的杯子里装着葡萄汁，如图4.17所示。而小红喜欢喝葡萄汁，小明喜欢喝橙汁，他们还想用各自的杯子装各自喜欢的果汁。请你与同学们讨论，想个办法帮助他们吧！

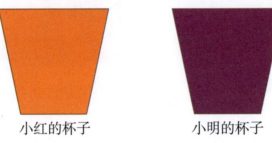

小红的杯子　　小明的杯子

图4.17　两个杯子中的初始果汁

程序中有两个变量a和b，如何交换a和b的值呢？

步骤1：初始赋值，a的值为2，b的值为9。

步骤2：新建变量c。

步骤3：设置_____的值为_____。

步骤4：设置_____的值为_____。

步骤5：设置_____的值为_____。

第四单元 石头、剪刀、布——形成游戏算法策略

第3课 "石头、剪刀、布"进一步实现——列表和广播

我的智能生活

变量用来存储数据,在键盘上输入两个数时,需要用两个变量来存储。如果在键盘上输入100个数,就要定义100个变量,每个变量取不同的名字,写100次图4.18所示的代码存储数据。这个工作量很大,是否还有其他方式来存储数据呢?

设置 数1▼ 的值为 90

图4.18 变量存储数据

我的智能活动计划

本节课我们会学习列表和广播的使用方法,以及如何实现人类和机器这两个角色的交流,并且将人类出拳结果和机器出拳结果分别存储到两个变量中,完善人类出拳程序和机器出拳程序,具体流程如图4.19所示。同学们还将尝试用列表知识完善一个简单的图书馆找书程序。

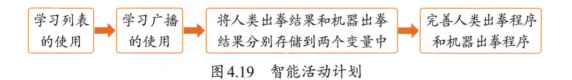

图4.19 智能活动计划

我的智能学习

一、列表

列表通常用于存储一系列有序的元素,比如新建"成绩"列表,

算法小达人：启蒙初探

存储100个数，我们可以使用图4.20所示的程序实现。存储完成后，"成绩"列表如图4.21所示，成绩第1项、第2项、第3项……

图4.20　存储100个数到"成绩"列表程序　　图4.21　存储完成后的"成绩"列表

二、广播

人类和机器是两个角色，如何实现这两个角色的交流，即人类出拳后，机器是否立刻随机出拳呢？可以通过广播来实现角色之间的通信，如表4.7所示。

表4.7　人类角色和机器角色通信

人类角色	广播 出拳
机器角色	当接收到 出拳

我的智能探索

在"石头、剪刀、布"游戏中，"人类结果"变量中存储人类出拳结果，"机器结果"变量中存储机器出拳结果，"判定结果"变量中存储哪方获胜，如图4.22所示。

一、人类出拳后，将人类的出拳结果存储到"人类结果"变量中

人类出拳造型有3个，每个造型前面都有对应的造型编号，如图4.13所示，如"石头"造型对应的编号为1，选中"石头"造型，当使用 `造型 编号` 代码时，会返回1。

新建"手势管理"列表，存入3个手势，列表第1项为"石头"，造型编号1也是"石头"，它们之间一一对应，如图4.23所示。

使用图4.24所示的程序可以将人类的出拳结果存储到"人类结果"变量中，如人类出"石头"时先根据 `造型 编号` 得到1，进而取出 `手势管理▼ 的第 1 项` 得到"石头"两个字，将这两个字赋值给"人类结果"变量。

图4.22　3个变量

图4.23　"手势管理"列表

`设置 人类结果▼ 的值为 手势管理▼ 的第 造型 编号 项`

图4.24　将人类的出拳结果存储到"人类结果"变量中的程序

二、人类出拳后，实现机器立刻随机出拳

"手势管理"列表第1项存储的是"石头"，第2项存储的是"剪刀"，第3项存储的是"布"，通过随机数可取出列表任何一项的内容，然后换成相应的造型，以达到随机出拳的效果，如图4.25所示。

`换成 手势管理▼ 的第 在 1 和 3 之间取随机数 项 造型`

图4.25　实现机器随机出拳的程序

算法小达人：启蒙初探

三、将机器的出拳结果存储到"机器结果"变量中

将机器的出拳结果存储到"机器结果"变量中的程序如图4.26所示。

设置 机器结果▼ 的值为 手势管理▼ 的第 造型 编号▼ 项

图4.26 将机器的出拳结果存储到"机器结果"变量中的程序

四、完整的人类出拳程序和机器出拳程序

人类出拳程序和机器出拳程序如图4.27和图4.28所示。

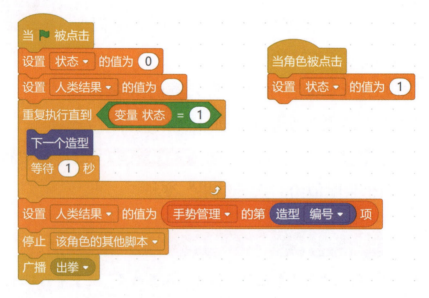

图4.27 人类出拳程序

图4.28 机器出拳程序

我的智能成果

请将自己的收获记录在表4.8中。

表4.8 我的收获

研究问题	我的收获
列表的作用是什么？	
列表和变量的区别是什么？	

请将本节课的学习活动表现记录在表4.9中。

表4.9 我的学习活动记录

评价内容	自我评价	组长评价
理解列表的存储功能	☆☆☆☆☆	☆☆☆☆☆
理解广播的用法	☆☆☆☆☆	☆☆☆☆☆
能把人类的出拳结果和机器的出拳结果存储在对应变量中	☆☆☆☆☆	☆☆☆☆☆

我的智能视野

小明想从图书馆借一本《百家姓》，图书管理员通过查询计算机告诉小明，这本书在第14个标签处。管理员怎么能快速找到书呢？请你用编程知识完善下面的找书程序。图书馆藏书如图4.29所示，"图书馆书单"列表如图4.30所示，部分找书程序如图4.31所示。

图4.29 图书馆藏书

算法小达人：启蒙初探

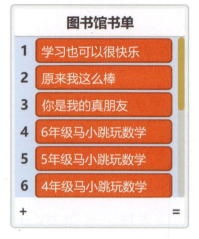

图4.30 "图书馆书单"列表

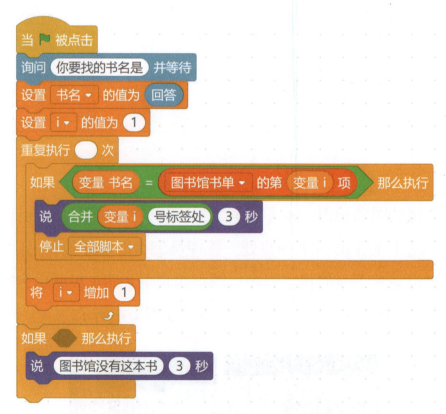

图4.31 部分找书程序

第4课 "石头、剪刀、布"完整实现——综合应用循环结构、变量和列表完成程序编写

我的智能生活

前面课程我们实现了人类和机器双方出拳,并且分别将出拳结果存储到"人类结果"和"机器结果"变量中。如何在此基础上实现判定游戏输赢,并将输赢结果存储到"判定结果"变量中呢?如何应用历史记录数据,通过概率与统计知识来提高获胜概率呢?

我的智能活动计划

本节课我们首先列举出"石头、剪刀、布"的所有输赢情况,完成游戏中判定输赢结果的程序编写,进而完成整个游戏程序的编写。然后,试玩编写的"石头、剪刀、布"游戏,如果发现问题,可以调试程序。最后,根据游戏历史记录数据,调整程序中机器的出拳策略,提高机器获胜概率。具体流程如图4.32所示。

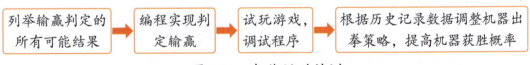

图4.32 智能活动计划

我的智能学习

游戏中的胜负关系一共有多少种可能?请完善表4.10。

表4.10 输赢情况列举

人类	机器	输赢判定
石头	石头	平局

续表

人类	机器	输赢判定
石头	剪刀	人类赢

我的智能探索

一、判定输赢

从表4.10中我们可以发现,当人类和机器出拳一样时为平局,否则需要根据双方具体结果判断输赢。请小组讨论完成图4.33所示的程序。

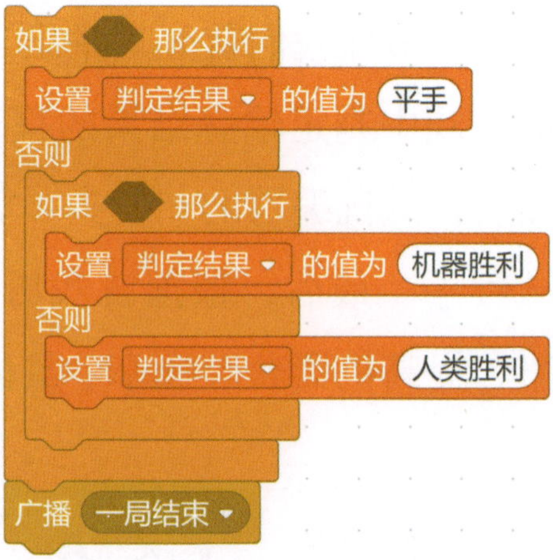

二、完成整个游戏程序的编写,试玩游戏并调试程序

小组讨论并实现"石头、剪刀、布"整个游戏程序的编写,试玩游戏,小组之间互相展示成果。如果发现问题,及时调试程序。

图4.33 判定输赢结果的程序

三、分析历史记录数据,调整机器出拳策略,提高机器获胜概率

前面的代码中,机器每次都是随机出拳,没有任何策略,这里我们尝试记录人类每次的出拳结果,找到人类的出拳偏好,并据此调整机器出拳,战胜人类。

使用"结果记录"列表记录人类每次的出拳结果,如图4.34所示。同时新建名为"石头""剪刀""布"的变量,分别统计列表中人类出"石头""剪刀""布"的次数,其程序如图4.35所示。

图4.34 "结果记录"列表

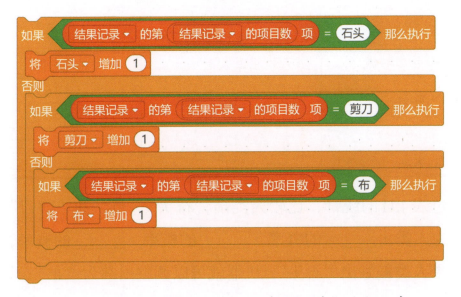

图4.35 统计人类出"石头""剪刀""布"次数程序

根据"结果记录"列表记录的人类50次的出拳情况,进行出拳手势统计,结果如图4.36所示。

人类出"剪刀"手势的概率计算公式为出"剪刀"次数÷出拳总次数，在本次统计中为 16÷50=$\frac{16}{50}$。请你在表4.11中填写人类出"布"和"石头"手势的概率。

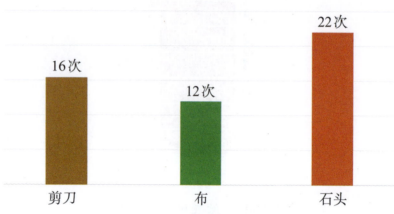

图 4.36　人类出拳手势统计结果

表 4.11　人类出拳情况统计

人类出拳手势	出拳次数	概率
剪刀	16	$\frac{16}{50}$
布	12	
石头	22	

通过表4.11的统计，比较人类出"石头""布"和"剪刀"的概率。因为人类出_____的概率>_____的概率>_____的概率，由此得出如果人类偏好出"石头"，机器就可以调整出拳为"布"；如果人类偏好出"剪刀"，机器就可以调整出拳为"石头"；如果人类偏好出"布"，机器就可以调整出拳为"剪刀"。除此之外，机器则随机出拳，程序如图4.37所示。提高机器获胜概率后的游戏界面如图4.38所示。

第四单元 石头、剪刀、布——形成游戏算法策略

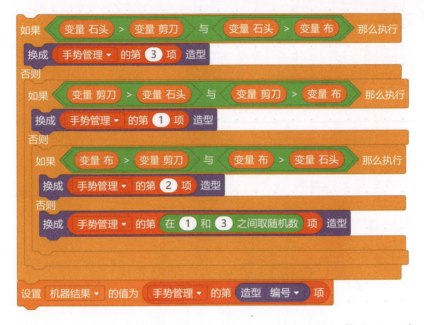

图 4.37 根据人类出拳历史记录数据调整机器出拳策略程序

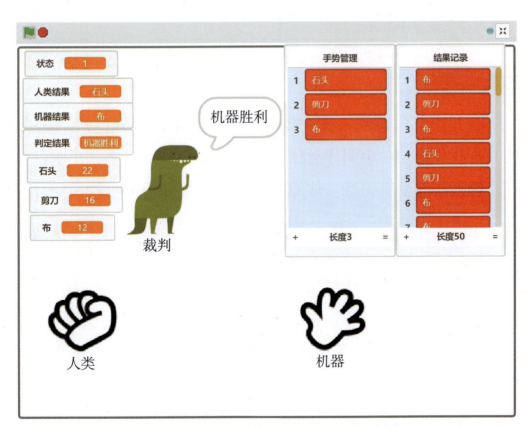

图 4.38 提高机器获胜概率后的游戏界面

算法小达人：启蒙初探

我的智能成果

请将自己的学习收获记录在表4.12中。

表4.12　我的收获

研究问题	我的收获
总结编程实现"石头、剪刀、布"游戏的主要思维过程	

请将本节课的学习活动表现记录在表4.13中。

表4.13　我的学习活动表现

评价内容	自我评价	组长评价
理解变量存储数据的特性	☆☆☆☆☆	☆☆☆☆☆
会构造判定输赢的条件	☆☆☆☆☆	☆☆☆☆☆
能综合完成整个程序的编写	☆☆☆☆☆	☆☆☆☆☆

我的智能视野

小明和小红玩游戏，在4张扑克牌中，有1张是红桃，有3张是黑桃。游戏规则是：小明任意摸一张牌，如果摸到红桃，小明就赢得比赛，否则小红赢得比赛。你觉得这个游戏规则公平吗？

小明摸到红桃的概率是：$1 \div 4 = \frac{1}{4}$。所以，小明赢得比赛的概率是$\frac{1}{4}$，这个游戏规则不公平。

单元总结

我做了什么

本单元中同学们深入研究了"石头、剪刀、布"游戏,并借助图形化编程实现了该游戏。同学们经历了"确定研究问题→掌握基本知识→设计求解方案→验证求解方案"的探究过程。

我学会了什么

梳理本单元的内容,补充完善图4.39。

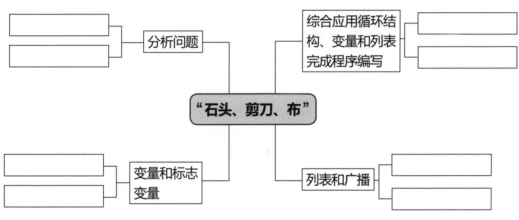

图4.39 本单元内容分布

我的收获

在本单元的学习中,同学们将概率与统计和编程结合起来,深入研究了"石头、剪刀、布"游戏,是否还能对其他游戏进行算法策略研究呢?

_____。

算法策略不仅可以应用于游戏,还可以广泛应用于金融、医疗、交通等领域,帮助我们解决许多现实生活中由于时间、空间受限而产生的问题。